식물은 왜 **꽃**을 피울까?

POURQUOI LES PLANTES ONT-ELLES DES
FLEURS?
by Bernard Thiébaut

민음 바칼로레아 060

식물은 왜 꽃을 피울까?

베르나르 티에보 ㅣ 김순권 감수 ㅣ 김성희 옮김

차례

질문 : 식물은 왜 꽃을 피울까?

　꽃은 우리 일상생활의 한 부분을 이루는 존재다. 꽃을 의미하는 단어 '플라워(flower)'는 라틴어의 'florem'에서 왔는데, 어떤 것의 가장 섬세한 부분을 의미하며, 넓은 뜻으로는 식물에서 줄기의 꼭대기를 가리키는 말이다. 꽃은 시골의 꽃밭에서도 도시의 정원에서도 넘쳐난다. 우리는 꽃으로 꽃다발을 만들거나, 약이나 요리, 향수에 사용하기도 한다. 언어에도 꽃이 들어가 있는 표현들이 그야말로 만발해 있다. 얼굴에 꽃이 피다, 꽃 중의 꽃, 꽃과 같은 존재, 꽃보다 아름답다, 이야기꽃을 피우다, 꽃다운 나이…… 그러나 사람에게 즐거움을 선사하고 유용하게 쓰이는 것이 꽃의 본질은 아니다. 꽃은 무엇보다도 꽃식물이 살아가는 데 반드시 필요한 기관이다.

바빌로니아 사람들이 대추야자의 열매를 얻기 위해 대추야자 수나무의 꽃을 대추야자 암나무의 꽃들 사이에 옮겨 놓았던 것으로 보아, 사람들은 기원전 3000년 무렵부터 식물에도 성(性)이 존재한다고 짐작했던 것 같다. 그러나 식물의 성이 밝혀진 것은 그보다 한참 뒤의 일로, 사람들이 짝짓기 하는 동물을 보고 동물의 성에 대해 알게 되고도 훨씬 더 지나서였다. 17세기에 영국의 식물학자 느헤미야 그루가 식물이 성기를 가지고 있고 그것은 꽃 안에 있다는 가설을 내놓았는데, 그렇게 해서 식물에도 성이 있다는 것이 처음으로 인정된다.

　그런데 모든 식물이 생식 기관을 가지고는 있지만, 모든 식물이 꽃을 가지고 있는 것은 아니다. 꽃은 식물의 진화에 있어서 최근에 획득된 것이기 때문이다. 가령 꽃을 피우지 않는 해조류와 붉은 꽃을 피우는 개양귀비 사이에는 상당한 차이가 있다. 지구에 생명이 출현한 후 초기 식물들은 바다에서 살았고, 성 활동을 포함한 모든 생활이 물 속에서 이루어졌다. 그 자손

● ● ●

바빌로니아 티그리스 강과 유프라테스 강 사이 메소포타미아 남동쪽에 위치한 바빌로니아를 중심으로 일어난 서남아시아 고대 문명.
느헤미야 그루(1641~1712) 영국의 의사이자 식물학자. 식물 해부학의 창시자로, 현미경을 통한 식물의 해부학적 연구로 세포설의 기초를 쌓았으며, 꽃이 식물의 생식 기관이라고 주장하였다. 저서로 『식물 해부학』이 있다.

들, 예를 들어 해조류 같은 식물은 지금도 계속해서 물에서 살고 있다. 시간이 더 지나서 식물이 육지로 세력을 넓혔을 때, 일부 식물들은 건조한 공기에 스스로를 적응시켰다. 물론 그 식물들이 살기 위해서는 여전히 물이 필요하다. 그러나 모든 생활은 물 밖에서 이루어지고 있고, 진화 과정에서 획득한 꽃 덕분에 공기 중에서도 번식할 수 있게 되었다. 따라서 꽃은 더 이상 물이 없어도 성 활동이 가능한 진화된 식물의 특징이며, 성 활동이 물과 연관되어 있는 원시 식물에는 꽃이 존재하지 않는다.

뒤에 가서 보게 되겠지만, 꽃은 식물이 살아가는 데 쓰이는 영양 기관과 단지 번식을 목적으로 하는 생식 기관으로 이루어져 있다. 꽃은 또한, 꽃이 피기 시작할 때부터 씨를 퍼뜨릴 때까지 그 일을 맡는 자립적인 조직체를 가지고 있는데, 그 조직체는 자체적으로 호흡하면서 그것이 만들어지기 이전에 축적되어 있던 저장 물질에서 양분을 얻는다. 마치 오케스트라처럼 꽃의 각 부분들은 전체가 조화롭게 돌아갈 수 있도록 각자 자신에게 주어진 역할을 수행한다.

꽃에 대해 더 잘 알기 위해, 식물의 생애와 진화에 있어서 꽃이 어떤 위치를 차지하는지 먼저 알아보자. 그리고 꽃의 기관과 조직체를 살펴본 뒤 그것들이 유성 생식에 어떻게 관여하는지 살펴보고, 마지막으로 꽃의 기능을 검토해 보고 꽃의 다양한 생식 전략을 알아보도록 하자. 이 책을 통해 여러분은 꽃이 완벽하고 훌륭하게 그 기능을 수행하는 하나의 작은 기적임을 알게 될 것이다.

● ● ● ●

유성 생식 암수 개체가 생식 세포를 만들고 그 생식 세포가 다시 결합하여 새로운 개체가 되는 방식의 생식 방법.

1

꽃은 식물의 생애에서

얼마나 **중요할까?**

꽃은 식물의 생애에서 어떤 위치를 차지하고 있을까?

꽃은 생식 기능을 통해 식물의 **생물학적 과정**(biological cycle) 에서 중요한 역할을 수행한다. 여기서 생물학적 과정이란 식물이 수정란에서 나와서 다음 세대의 수정란을 만들기까지, 일생 동안 거치는 모든 단계를 말한다. 수정란은 핵과 그 핵을 둘러싸고 있는 세포질로 이루어져 있다. 젤리 상태로 된 세포질은 풍부한 저장 물질을 함유하고 있는데, 그 저장 물질은 호흡을 맡는 미토콘드리아나 광합성을 맡는 엽록체처럼 구조와 기능이 서로 다른 세포 소기관들에 양분을 제공하고 수정란을 키우는 데 쓰인다. 핵에는 **염색체**가 들어 있고, 염색체는 DNA로 이루어져 있다. 염색체는 그 형태와 그것이 지니고 있는 유전

정보에 의해 전부 구분이 된다. 수정란은 암수 생식 세포가 만나서 **수정**이 이루어졌을 때 만들어진다. 수 생식 세포가 제공한 각각의 부계 염색체는 암 생식 세포가 제공한 모계 염색체 가운데 자신과 크기와 모양이 같은 염색체를 만나 짝을 이룬다. 염색체의 수와 염색체 쌍의 수는 종마다 다르며, 'n'으로 표기하도록 정해져 있다. 대부분의 종은 **이배체**(diploid)이다. 예를 들면 시금치의 n은 6이고, 따라서 시금치는 12개의 염색체를 가지고 있다.

수정란은 2n이다. 어떤 종의 염색체 수가 세대가 바뀌어도 변함없이 유지되려면, 생식 세포가 만들어지기 전에 2n이 n으로 반드시 나누어져야 한다. 만약 그렇게 되지 않으면 수정이 이루어질 때마다 두 배로 늘어날 테니까 말이다. 그 수를 절반으로 줄여주는 것은 **감수 분열**이다. 유성 생식을 하도록 예정되어 있는 세포는 처음에는 2n을 가지고 있는데, 두 번의 연속적인 단계를 거치면서 n을 가진, 즉 **반수체**(haploid)의 딸세포 4개로 분열된다. 우선 첫 번째 단계에서는 모세포가 염색체를 두

이배체 배우자의 염색체 수가 기본 수의 두 배인 세포나 개체. 고등 동식물 대부분이 이배체에 해당한다.
감수 분열 염색체 수가 반으로 줄어드는 세포 분열. 생식 세포가 형성될 때 일어난다.

배로 만들지 않은 채로 분열되고, 그렇게 해서 만들어진 2개의 딸세포는 모세포의 염색체 쌍에서 각각 하나씩만 가져왔기 때문에 n을 가지게 된다. 그리고 두 번째 단계에서는 그 2개의 딸세포 각각이 염색체를 두 배로 만들면서 다시 새로운 2개의 세포로 분열한다. 그러한 감수 분열의 결과, n을 가진 4개의 세포가 최종적으로 만들어지는 것이다. 동물의 경우 그 4개의 세포가 4개의 생식 세포(n)가 되고, 식물의 경우에는 생식 세포가 만들어지기 이전 단계인 **포자**(n)가 된다. 이와 관련해서는 뒤에 가서 좀 더 알아보기로 하자.

한편 수정란은 **유사 분열**을 통해 2개의 세포로 나누어진다. 다시 말해 각각의 염색체 쌍을 두 배로 먼저 만들어서, 2개의 딸세포에게 자신이 가진 것과 똑같은 염색체를 물려준다. 따라서 그 2개의 딸세포는 2n이 되고, 모세포와 완전하게 닮게 된다. 수정란으로 존재하는 시기는 몹시 짧은데, 그러한 첫 번째 분열이 개체(2n)로 만들어질 **배** (胚)의 발달의 시작에 해당되기 때문이다. 수정란에서 만들어진 2개의 딸세포는 다시 같은 식으로 분열해서 그 딸세포를 만들고, 그러한 과정이 계속되면서 아직 분화되지 않은 똑같은 세포들로 이루어진 세포군이 만들

• • • •

배 수정란이 어느 정도 발달한 어린 홀씨체.

어진다. 이어서 그 세포들은 배에서 어떤 위치에 있는가에 따라 형태와 구조, 세포 소기관을 바꾼다. 그러면서 서로 구분되는 기관을 이루고, 생식이나 호흡처럼 생리적인 기능에 있어서도 분화하게 된다. 그렇게 해서 식물이 살아가는 데 필요한 모든 기관들이 갖추어지는 것이다.

세대에서 세대로 바뀌면서 동일한 생물학적 사건이 동일한 순서로 전개되는데, '수정란 → 배 → 식물 → 꽃 → 씨 → (열매) → 수정란'의 차례로 나타난다.

사람을 포함한 포유동물의 경우, 감수 분열은 n을 가진 생식 세포를 만드는데 그 생식 세포들의 수명은 아주 짧다. 수정이 이루어지면 2개의 생식 세포가 수정란(2n)을 만들고, 수정란은 곧바로 개체(2n)로 성장한다. 이때 개체는 이배체이자 **단성** (unisexual)이다. 즉 남성과 여성 중에서 하나의 성만을 가진다는 말이다. 포유동물이 겪는 과정은 '수정란(2n) → 개체(2n) → 생식 세포(n) → 수정란(2n)'으로 요약할 수 있다.

식물의 경우에는 과정이 더 복잡한데, 감수 분열에서 곧바로 생식 세포가 만들어지는 것이 아니라 포자(n)가 우선 만들어지기 때문이다. 수정란(2n)이 성장하면 무성이거나 유성인 **포자체**(2n)가 되고, 포자체의 세포 중 일부가 감수 분열을 거쳐 분화하고 증식하면서 포자(n)가 만들어진다. 그 포자가 뿌려져서 발아하면 **배우체** (n)를 형성한다. 배우체는 항상 유성 이며, 포유동물에서는 그에 상응하는 것을 찾을 수 없다. 식물의 경우에 생식 세포가 만들어지고 서로 만나서 수정란이 되기까지 시간이 오래 걸리는 것은 바로 그러한 새로운 조직체에 의해 일이 처리되기 때문이다. 배우체가 만들어지고 나면 배우체의 세포 일부가 생식 기능으로 분화하고, 그렇게 해서 생식 세포(n)가 만들어진다. 수정이 이루어지면 2개의 생식 세포는 수정란(2n)이 되고, 수정란이 포자체(2n)로 성장하면서 과정이 다시 시작된다. 식물의 생물학적 과정 동안에는 두 가지 조직체가 나타나는데, 이배체의 포자체와 반수체의 배우체가 그것이다. 같은 종의 포자체와 배우체라 하더라도 그 형태와 수명은 크게 차이가 있을 수 있다. 포자체와 배우체가 나타나는 과정을 요약하면 '수정란(2n) → 포자체(2n) → 포자(n) → 배우체(n) → 생식 세포(n) → 수정란(2n)'과 같다.

　고등 식물의 **생식 기관**(포자, 생식 세포, 수정란)은 생물학적 과정에서 아주 짧게 나타나고, 덜 발달되어 있으며, 더 약하다.

● ● ● ●

포자체　조류(藻類)나 고사리처럼 세대 교변(무성 생식을 하는 무성 세대와 유성 생식을 하는 유성 세대가 번갈아 나타나는 현상)을 하는 식물에서 포자를 만들어 무성 생식을 하는 세대의 식물체.

배우체　세대 교변을 하는 식물에서 유성 생식을 하는 세대의 식물체.

과정이 중간에 끊어지지 않고 유성 생식을 안전하게 할 수 있도록 그 생식 기관들은 꽃의 영양 기관과 씨, 열매에 의해 보호된다.

꽃은 진화 중에 언제 나타났을까?

육지는 생명체가 살지 않는 무기물의 상태로 오랫동안 남아 있었다. 왜냐하면 땅 위에서는 온도와 습도가 급작스럽게 바뀔 수 있었고, 바다보다 불안정한 환경이 구속으로 작용했기 때문이다. 그러나 해조류가 육지로 힘겹게 올라오면서 바다를 벗어나게 된다. 그렇게 해서 약 6억 년 전에 육지에 주요 식물군들이 나타나기 시작했고, 그 식물군들은 마침내는 사막을 제외한 모든 곳을 장악했다.

물 속에 사는 해조류는 2개의 주기로 이루어진 생물학적 과정을 따른다. 예를 들어 다시마는 포자체에 해당되는 기다란 띠 모양을 하고 있는데, 띠 아래쪽에 위치한 작은 똬리가 배우체이다. 무성인 포자체는 포자를 만드는데 배우체보다 수명이 더 길고 더 발달되어 있다. 그에 비해 배우체는 양성으로, 암수로 구분되어 있는 작은 구멍 모양의 생식 기관을 가지고 있고 그 안에서 생식 세포가 분화된다. 성숙한 수 생식 세포는 크기가 작고 섬모가 달려 있으며 움직일 수 있는데, 구멍에서부터 나와서 암 생식 세포가 있는 구멍으로 헤엄쳐 간다. 암 생식 세포는 크기가 크고 움직일 수가 없다. 헤엄쳐 온 수 생식 세포와 암 생식 세포가 만나면 수정란을 만들게 된다. 수정란은 배우체 위에 그대로 붙어 있다가 발아해서 커다란 띠 모양으로 자란다. 새로운 포자체가 만들어지는 것이다.

이끼를 제외한 육지 식물의 경우, 포자체가 배우체보다 수명과 크기가 더 크다. 그러한 경향은 고등 식물의 진화가 이루어지면서 더 뚜렷해졌다. 포자체는 점점 더 커지고 수명이 길어지고 강인해진 반면, 배우체는 점점 더 작아지고 수명이 짧아지고 약해진 것이다. 고사리류는 물과 연관된 성 활동을 아직도 고수하고 있다. 고사리류에 속하는 일엽초는 적어도 번식기 만큼은 습한 환경의 벽 위에서 자란다. 일엽초의 무성 포자체는 잎이 난 작은 고사리 모양을 하고 있는데, 시간이 지나면 잎 위에 작은 주머니를 형성하는 붉은 반점이 나타나고, 그 안에서 포자가 분화된다. 일엽초는 한 해에 수백만 개의 포자를 만들 수 있다. 포자들은 땅 위에 뿌려져서 발아하고, 각각이 작은 배우체를 내놓는다. 얄팍한 판 모양을 하고서 뿌리를 가지고 있는 밝은 초록색의 배우체는 눈에 잘 띄지 않는데, 겨우 몇 밀리미터밖에 되지 않기 때문이다. 시간이 다소 지나면 그 양성 배우체에는 암수로 구분되어 있는 구멍 모양의 생식 기관이 생기고, 그 구멍들 안에서 생식 세포가 분화된다. 크기가 작고 섬모가 달린 수 생식 세포는 구멍에서 나와서, 배우체와 땅 사이에 머금어져 있는 물을 헤엄쳐 암 생식 세포가 있는 구멍으로 간다. 수정이 이루어진 후에 수정란이 발아하면 금방 작은 고사리로 자란다.

성 활동이 물과 관련되지 않는 꽃식물은 진화 과정상 더 뒤에 나타났다. **겉씨식물**은 약 3억 년 전에 나타났는데, 생식 기관을 꽃과 씨라는 이중의 보호 장치로 둘러싸고 있다. 그리고 약 1억 년 전에 나타난 **속씨식물**은 거기에 열매라는 세 번째

• • • •
겉씨식물 밑씨가 씨방 안에 있지 않고 드러나 있는 식물. 가루받이 때 꽃가루가 밑씨 위에 바로 붙는다. 소나무, 소철, 잣나무, 전나무, 은행나무 등이 있다.
속씨식물 밑씨가 씨방 안에 싸여 있는 식물. 대부분의 종자식물이 여기에 해당된다.

장치를 추가한다. 오늘날 겉씨식물은 침엽수로만 나타나는데, 약 750종의 나무가 여기에 포함된다.(소나무, 전나무) 속씨식물은 더 다양하고 더 널리 퍼져 있으며, 약 27만 5000종의 나무, 관목, 초본이 포함된다.(벚나무, 개암나무, 개양귀비) 겉씨식물과 속씨식물에 있어서는 꽃을 피우는 식물 자체가 포자체에 해당된다. 그 포자체는 일반적으로 양성으로(22쪽 그림 참조) 두 종류의 포자를 만드는데, **대포자**(암포자)와 **소포자**(수포자)로 나눌 수 있다.(벚나무, 참나무 등) 배우체는 항상 단성인데, 대포자가 발아하면 자성 배우체 **배낭**(胚囊)이 나오고, 소포자가 발아하면 웅성 배우체 **화분**(花粉), 즉 꽃가루가 나온다. 여기에 대해서는 다음 장에서 더 이야기하기로 하자. 그런데 포자체가 단성인 경우도 간혹 있다.(22쪽 그림 참조) 그렇게 되면 대포자와 소포자를 만드는 두 개체가 서로 구분되어 나타난다.(은행나무, 버드나무, 대추야자) 이 경우 식물의 생물학적 과정은 포유동물과 유사한데 번식 주기가 더 길고 배우체가 나타난다는 점에서는 차이가 있다.

• • • •

관목 키가 작고 원줄기와 가지의 구별이 분명하지 않으며 밑동에서 가지를 많이 치는 나무. 무궁화, 진달래 등이 있다.
초본 지상부가 연하고 물기가 많아 목질을 이루지 않는 식물을 통틀어 이르는 말.

꽃

양성꽃식물

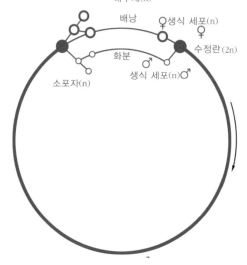

대포자(n) 배우체(n)
배낭
생식 세포(n) ♀
수정란(2n)
화분
생식 세포(n) ♂
소포자(n)

단성꽃식물

(1) 웅성 배우체(n), 화분
(2) 자성 배우체(n), 배낭

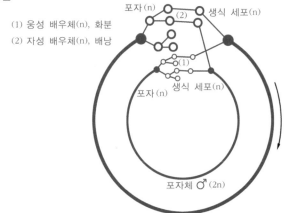

포자(n) (2) 생식 세포(n)
포자(n) 생식 세포(n)
포자체 ♂ (2n)
포자체 ♀ (2n)

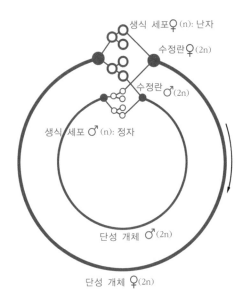

포유동물

생식 세포♀(n): 난자

수정란♀(2n)

수정란♂(2n)

생식 세포 ♂(n): 정자

단성 개체 ♂(2n)

단성 개체 ♀(2n)

양성꽃식물, 단성꽃식물, 포유동물의 생물학적 과정

생물학적 과정은 수정란에서 출발해서 다른 수정란으로 다시 돌아오는 원으로 나타나는데, 이때 화살표는 시간이 흐르는 방향을 의미한다. 원에는 염색체가 2n인 주기와 n인 주기가 번갈아 나타난다. 따라서 원의 호가 각 단계를 나타내는데, 호의 길이가 해당 주기의 시간을 보여 준다. 한 단계에서 다른 단계로의 이행은 감수 분열이나 수정을 통해 이루어진다. 감수 분열을 거치면 2n이 n으로 된다. 가지가 두 번 갈라진 곳은 연속적인 두 번의 세포 분열이 이루어졌다는 뜻이다. 수정이 되면 n이 2n으로 된다. 두 선이 만나는 것은 생식 세포가 만나는 것을 나타낸다. 호가 두꺼운 선으로 그려져 있는 부분은 염색체가 2n인 시기에 해당되고, 가는 선으로 그려져 있는 부분은 n인 시기에 해당된다. 구분을 위해, 수정란(2n)은 속이 채워진 동그라미로 표시되고, 포자(n)와 생식 세포(n)는 속이 비워진 동그라미로 표시했다.

연필 끝을 수정란에 놓고 출발해서 화살표 방향으로 원 전체를 따라가 보자. 다시 수정란으로 돌아오면 한 번의 생물학적 과정 혹은 한 세대에 해당되는 한 바퀴를 완전히 돈 것이다. 여러 바퀴를 돌면 여러 세대가 계속되는 것을 의미한다.

식물의 분류

- **민꽃식물** - 꽃을 피우지 않는 식물을 통틀어 이르는 말. 조류(藻類), 선태식물, 양치식물 등이 있다.
  - **균류(곰팡이류)** : 광합성을 하지 않는 하등 식물을 통틀어 이르는 말로 곰팡이 · 효모 · 버섯류 등을 가리킨다. 엽록소가 없어 독립생활을 못하므로 기생이나 부생 생활을 한다.
  - **선태식물(이끼 식물)** : 양치식물과 가깝지만, 관다발 조직이 발달해 있지 않고 엽록체가 있어 독립 영양 생활을 한다. 줄기 · 잎의 구별이 있거나, 편평한 엽상체로 조직의 분화는 적고 헛 뿌리가 있다. 무성 세대와 유성 세대를 거친다.
  - **양치식물** : 선태식물과 종자식물의 중간 단계에 해당하는 식물. 뿌리 · 줄기 · 잎의 분화가 분 명하며, 물관부와 체관부의 구별이 있는 관다발이 발달되어 있다. 세대 교번을 하고, 배우체 가 홀씨체와 독립하여 생활하는데 홀씨체가 크고 배우체는 매우 작다.

- **종자식물** - 생식 기관인 꽃이 있고 열매를 맺으며, 씨로 번식하는 고등 식물. 겉씨식물과 속씨식 물로 나뉜다.
  - **겉씨식물** : 밑씨가 씨방 안에 있지 않고 드러나 있는 식물. 가루받이 때 꽃가루가 밑씨 위에 바 로 붙는다. 꽃잎은 없으며, 줄기에는 형성층이 발달했으나 물관이 없고 헛물관을 갖는다. 소 나무, 소철, 잣나무, 전나무, 은행나무 등이 있다.
  - **속씨식물** : 밑씨가 씨방 안에 싸여 있는 식물. 쌍떡잎식물과 외떡잎식물로 크게 나뉘는데, 감 나무, 버드나무, 벚나무, 밤나무, 진달래, 국화, 벼, 난초, 백합 등 대부분의 종자식물이 속씨식 물에 속한다.
  - **외떡잎식물** : 속씨식물 가운데 떡잎이 한 개인 식물로, 줄기의 관다발은 불규칙하게 산재하고 보통 형성층이 없으며 꽃받침, 꽃잎, 꽃술이 3배수로 되어 있다. 잎은 대개 가늘고 나란히맥으 로 되어 있다. 백합, 난초, 벼, 보리, 토란, 야자나무 등이 있다.
  - **쌍떡잎식물** : 떡잎이 한 개 있는 외떡잎식물에 대응되는 말로, 마주 붙어 난 두 개의 떡잎이 있 고 줄기가 비대하며 잎맥은 그물 모양이다. 국화, 도라지 등이 있다.

2

꽃은 무엇으로 **이루어지며**
어떻게 **만들어질까?**

꽃의 영양 기관과 생식 기관에는 어떤 것들이 있을까?

식물의 생애에서 꽃이 차지하는 중요성을 이제 알았으니, 이번에는 꽃의 기능을 이해하기 위해 꽃이 어떤 기관들로 구성되어 있고, 잎눈이 어떻게 꽃눈으로 변하는지 알아보자. 그 다음에는 꽃과 식물의 생식 기관들이 어떻게 배치되어 있는지 알아봄으로써 식물들의 생식 전략을 엿보기로 하자.

꽃은 **꽃송이**를 단위로 나뉘거나 모인다. 꽃은 잎에서부터 변형된 조직들로 이루어져 있으며, 각 부분들은 서로 밀착되어 있다.

속씨식물의 경우, 꽃자루의 끝부분이 넓어지면서 꽃턱을 형성하고, 꽃을 이루는 조직들은 그 꽃턱 위로 동심원을 그리

면서 돌려나기˚로 붙어 있다. 양성을 지닌 꽃은 바깥에서 안쪽
으로, 다음 네 가지 부분으로 나누어진다.

🍎   1. **꽃받침**을 이루는 **꽃받침 조각**. 대개는 초록색을 띠지
만,(미나리아재비) 꽃잎과 비슷한 색깔을 띠는 경우도 있
다.(붓꽃)

🍎   2. **꽃부리**를 이루는 **꽃잎**. 곤충에 의해 수분이 이루어지는 식
물의 꽃잎은 대체로 크기가 크고 색깔이 화려하고,(벚나
무, 난초) 바람에 의해 수분이 이루어지는 식물의 꽃잎은
눈에 잘 띄지 않는다.(참나무, 너도밤나무) 꽃봉오리가 만
들어질 때 꽃받침과 꽃잎이 먼저 만들어짐으로써 안쪽에
서 만들어지는 생식 기관을 보호하는 역할을 한다.

🍎   3. **수술**. 수 생식 기관에 해당된다.

🍎   4. **심피**.˚ 암 생식 기관에 해당된다.

• • • •

꽃턱   꽃받침. 꽃의 구성 요소 중에서 가장 바깥쪽에서 꽃잎을 받치고 있는 꽃의
보호 기관 가운데 하나로 흔히 녹색이나 갈색이다.
돌려나기   식물의 줄기에 잎이 붙는 방식의 하나. 줄기의 마디 하나에 세 개 이상
의 잎이 바퀴 모양으로 난다.
심피   암술을 구성하는 잎. 씨방·암술대·암술머리로 나뉘며, 양치식물에서는
대포자엽이 심피에 해당한다.

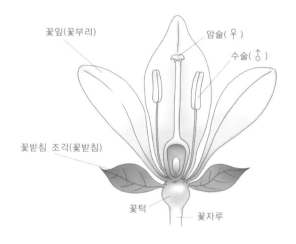

꽃잎(꽃부리)　　　　　　　　　암술(♀)

　　　　　　　　　　　　　　　수술(♂)

꽃받침 조각(꽃받침)

꽃턱　　　　　꽃자루

수술은 가늘고 긴 기둥 형태를 하고 있는데, 기둥 끝 부분은 불룩하게 되어 있다. 불룩한 그 부분이 꽃가루주머니가 들어 있는 **꽃밥**이다. 꽃가루주머니의 벽은 3개의 층으로 구성되어 있는데, 제일 바깥은 보호층, 중간은 구조층, 제일 안쪽은 영양층이다. 꽃가루주머니 안에는 생식 기능을 가진 세포가 들어 있고, 그 세포들이 소포자를 만든다. 각각의 소포자는 영양층이 제공하는 양분으로 자라서 발아하고, 그렇게 해서 하나의 꽃가루가 된다.

꽃가루가 다 만들어지면 구조층이 갈라져서 꽃가루가 밖으로 나가도록 해준다. 꽃가루는 200마이크로미터 밖에 되지 않는 작은 알갱이지만, 그 하나하나가 자립적인 웅성 배우체에 해당된다. 꽃가루 하나도 또 여러 부분으로 이루어져 있는데, 바깥쪽으로는 2개의 보호벽이 있고 안쪽으로는 2개의 핵을 가진 세포질이 들어 있다. 그 2개의 핵 중에서 큰 것은 영양핵, 작은 것은 생식핵이다. 생식핵이 바로 수 생식 세포에 해당된다. 꽃가루의 외벽은 꽃가루를 보호함으로써 수명이 길게 유지되도록 해준다. 따라서 꽃가루는 손상을 입지 않고 공기 중으로 흩어질 수 있고, 그렇게 해서 나중에 발아하여 수정에 참여한다.

하나 혹은 몇 개의 심피가 모여 **암술**을 이룬다. 암술은 아랫부분이 넓고 윗부분은 좁은 모양을 하고 있는데, 아랫부분은 **씨방**, 윗부분은 **암술대**에 해당된다. 암술대 끝에는 끈적이는 성질을 가진 불룩한 모양의 **암술머리**가 달려 있다. 꽃턱 위에 올려져 있거나 꽃턱에 쌓여져 있는 씨방 안에는 하나 이상의 **밑씨**가 들어 있는데, 아래쪽에 다리가 있고 위쪽은 부풀어진 작은 버섯 모양을 하고 있는 경우가 많다.

주의할 점은, 식물의 밑씨와 동물의 난자는 서로 다르다는 것이다. 동물의 난자는 하나의 세포로 이루어진 암 생식 세포

· · · ·

마이크로미터 1마이크로미터는 100만분의 1미터.

인 반면, 식물의 밑씨는 여러 개의 세포로 이루어진 기관이다. 각각의 밑씨는 바깥쪽으로 2개의 보호막을 가지고 있고, 안쪽에는 영양 조직을 가지고 있다. 영양 조직 안에 생식 기능을 가진 세포가 들어 있는데, 그 세포가 4개의 대포자로 분열해서 그중 하나가 살아남는다. 살아남은 대포자는 영양 조직에 저장되어 있는 물질을 통해 자라게 되고, 8개의 세포로 분열해서 하나의 자립적인 자성 배우체, 즉 **배낭**이 된다. 8개의 세포 가운데서 가장 큰 세포를 가리켜 **난구**(oosphere)라고 부르는데, 그것이 동물의 난자에 대응되는 암 생식 세포이다.

침엽수의 꽃은 비늘 형태로 축소되어 있는데, 수꽃에는 수술이 달려 있고, 암꽃에는 씨방 없이 밑씨가 겉으로 드러난 채 달려 있다. 비늘 모양의 꽃은 한 가지에 여러 개씩 촘촘하게 붙어서 원뿔 모양을 이룬다. 영어에서 침엽수를 의미하는 '코니퍼(conifer)'는 바로 원뿔을 의미하는 '콘(cone)'에서 나온 말이다.

꽃은 시들 수도 있고 얼어버릴 수도 있다. 그로 인한 손실을 보완하고 생물학적 과정을 계속 이어가기 위해, 각각의 식물은 많은 꽃을 만들어낸다. 그렇다면 꽃은 어떻게 만들어지는 것일까?

잎눈은 자라서 가지가 되고 잎이 된다. 그런데 어느 순간, 유전자의 조정에 의해 그 기능이 바뀌게 되고, 그렇게 해서 꽃눈으로 변해서 꽃을 이루는 조직이 된다.

괴테는 몇몇 꽃을 관찰하면서 잎이 꽃으로 점차 변한다는 것을 1790년에 이미 알아냈다. 1980년대 말 이후로 이루어진 수많은 돌연변이[◦]에 대한 관찰은 식물의 형태학적 발달을 책임지는 **호메오 유전자**(homeotic gene)의 존재를 분명하게 밝혀 주었는데, 그중 일부가 잎이 꽃으로 변화하는 과정을 관리하는 것으로 드러났다.

꽃의 발달을 담당하는 유전자는 식물의 잎이 자라는 동안에는 침묵을 지킨다. 그러다가 개화 시기가 되면 그 유전자들이 세포 안에서 활동을 시작하면서, 꽃이 꽃턱 위로 네 번의 돌려나기를 하게 만든다. 우선 확인된 호메오 유전자는 세 가지였는데, 각각을 a, b, c 유전자라고 이름 붙였다.

제일 바깥쪽의 돌려나기에 대해서는 a 유전자가 혼자 활동

- - - -

돌연변이 생물체에서 어버이의 계통에 없던 새로운 형질이 나타나 유전되는 현상. 유전자나 염색체의 구조에 변화가 생겨 일어난다.

개화 시기가 되면 호메오 유전자의 조정에 의해
잎은 그 기능이 바뀌게 되고 꽃눈으로 변해서 꽃을 이루는 조직이 된다.

하면서 꽃받침 조각의 형성을 책임진다. 그 다음에는 안쪽으로 가면서, 두 번째 돌려나기에 대해 a와 b 유전자가 꽃잎을 발달시키고, 세 번째 돌려나기에 대해서는 b와 c 유전자가 수술을, 네 번째 돌려나기에 대해서는 c 유전자가 심피를 발달시킨다. 네 번의 돌려나기에 걸쳐 a, (a+b), (b+c), c 유전자가 교대로 작용하면서, 각각의 작용에 따른 결과가 만들어진다. 즉, 꽃받침 조각, 꽃잎, 수술, 심피가 만들어지는 것이다.

만약 유전자 돌연변이로 인해 그 순서가 바뀌게 되면, a 유전자가 c 유전자로 변할 수 있다. 그러면 공식은 c, (c+b), (b+c), c=심피, 수술, 수술, 심피와 같이 바뀐다. 따라서 꽃잎이 없는 꽃이 된다. c 유전자가 a 유전자로 바뀌는 변이가 일어날 경우에는, a, (a+b), (b+a), a=꽃받침 조각, 꽃잎, 꽃잎, 꽃받침 조각, 즉 생식 기관이 없는 꽃이 나오게 된다. 원예가들이 장미의 수술을 꽃잎으로 바꿀 수 있는 것은 바로 그러한 유전자들을 이용하는 것이다. 야생 장미는 꽃잎이 5장밖에 되지 않지만, 재배 장미는 돌연변이 현상을 이용하여 40장까지 만들 수 있다.

새로운 유전자들이 발견됨에 따라 꽃을 만드는 조건에 대한 지식도 늘어난다. 최근에는 밑씨의 형성을 책임지는 d 유전자도 확인되었다고 한다.

식물의 생식 기관은 어떻게 배치되어 있을까?

동물과는 달리, 식물의 생식 기관이 배치되는 방식은 종에 따라 달라진다.

꽃에는 여러 종류가 존재하는데, 앞에서 보았듯이 암술과 수술이 한 꽃에 피는 양성화일 수도 있고, 암술이나 수술 중에 한쪽만 있는 단성화일 수도 있다. 암술은 있는데 수술이 없으면 암꽃이고, 수술은 있는데 암술이 없으면 수꽃이다. 양성화인지 단성화인지에 대한 구분은 속씨식물에만 해당되며, 겉씨식물의 꽃은 항상 단성화이다.

식물의 차원에서 생식 기관은 종에 따라 다음 세 가지 방식으로 나타난다.

- 식물과 꽃 모두 양성인 경우. 속씨식물에서만 관찰된다.(개양귀비, 장미)
- 식물은 양성이고, 꽃은 단성이되 한 그루에 있는 경우. 속씨식물(옥수수, 느티나무)과 겉씨식물(소나무, 전나무)에서 관찰된다.
- 식물과 꽃 모두 단성인 경우. 속씨식물(버드나무, 뽕나무)과 겉씨식물(노간주나무)에서 관찰된다.

그러나 이와 같은 차이가 있다 하더라도, 생식 기관들이 기능하는 시간적인 순서는 동일하다.

• • • •

노간주나무 측백나뭇과의 상록 침엽 교목. 높이는 8~10미터로 잎은 세 개씩 돌려나고 실 모양이다. 봄에 녹색을 띤 갈색 꽃이 피고 열매는 솔방울과 비슷한데 다음 해 10월에 자주색으로 익는다. 건축 재료나 기구를 만드는 데 쓴다.

3

꽃은 생식 과정에서
어떤 기능을 할까?

수분이란 무엇인가

생식 과정 동안에는 여러 일들이 연속해서 일어난다. 수분이 일어나고, 수정이 이루어지고, 수정란이 만들어지고, 배가 만들어지고, 씨가 생기고, 열매가 열린다. 이 시간적인 순서를 따라서 꽃의 활동을 살펴보기로 하자.

수분이란 꽃가루가 암술머리로 옮겨 붙는 일을 말한다. 양성 식물일 경우, 수분은 **자가 수분**에 의해 한 개체 안에서 이루어지기도 하고, **타가 수분**에 의해 두 개체 안에서 이루어지기도 한다. 어느 한쪽 방식이 절대적으로 유리한 것은 아니며, 다양한 상황에 따라 각각의 방식이 도움이 될 수 있다. 그에 비해, 단성 식물은 자성 식물과 웅성 식물 사이에서 이루어지는 타가 수분이 필수적이다.

자가 수분의 경우, 땅에 고정되어 있는 식물은 수분을 위한 특별한 매개를 필요로 하지 않는다. 꽃가루가 같은 개체의 암술머리로 떨어지기 위해서는 중력의 힘으로 충분하기 때문이다. 한련의 꽃은 양성화인데, 수술이 성숙되면 암술머리 쪽으로 몸을 기울여 그 위에 꽃가루를 떨어뜨린다. 옥수수꽃은 단성화로, 작은 꽃들이 모여 송이를 이룬다. 옥수수의 수꽃은 줄기 꼭대기에 달리는 반면, 암꽃은 줄기 중앙을 따라 위치하고 있다. 줄기 꼭대기에서 꽃가루가 터지면, 중력에 의해 그 대부분이 같은 개체의 암술머리로 떨어진다. 수분이 끝날 때까지 꽃이 닫혀 있는 양성화가 간혹 있는데, 그럴 때는 자가 수분이 우선적이다. 예를 들어, 제비꽃은 봉오리 상태로 내부에서 꽃가루가 터진 뒤에 꽃이 핀다. 스위트피˙의 꽃은 2장의 꽃잎이 접합되어 만들어진 밀폐 주머니 안에 수술과 암술이 갇혀 있는데, 수정이 이루어지고 열매가 맺힐 때면 그 주머니가 터뜨려진다.

● ● ● ●

스위트피 콩과의 한해살이풀. 높이는 1~2미터이며, 잎은 잎자루의 양쪽에 여러 개의 작은 잎이 새의 깃 모양처럼 짝수로 나며 뒷면이 희다. 5월에 연붉은색, 흰색, 자주색 또는 얼룩점이 있는 나비 모양의 꽃이 피고 열매는 콩이나 완두처럼 꼬투리로 맺는다. 덩굴손으로 다른 것을 감고 오르는데 관상용으로 재배한다.

타가 수분의 경우, 움직이지 못하는 식물은 꽃가루를 한 개체에서 다른 개체로 옮기기 위해 다른 매개를 이용한다. 바람은 꽃식물의 15퍼센트가 이용하는 방법인데, 이러한 꽃을 **풍매화**라고 한다. 바람을 이용하는 것은 수동적이고 기계적인 방식이다. 풍매화에 해당되는 꽃은 대개는 눈에 잘 띄지 않으며, 꽃가루는 바람에 쉽게 날아갈 수 있도록 일반적으로 작고 가볍고 건조하고 잘 분리된다. 겉씨식물의 단성화는 작은 꽃들이 비늘 형태로 모여 수꽃이나 암꽃 송이를 이룬다. 꽃이 피면 비늘이 벌어지는데, 그렇게 되면 수꽃에서는 꽃가루가 나오고 암꽃에서는 밑씨가 드러난다. 바람을 타고 흩뿌려지는 꽃가루는 노란 먼지 구름을 형성하면서 나무와 암꽃 주위를 둘러싼다. 수분이 이루어지고 나면 수꽃은 시들어서 떨어지고, 암꽃은 더 자라서 나무처럼 딱딱한 원뿔 모양의 목질 조직이 된다. 그것이 바로 우리가 '솔방울'이라고 부르는 것이다. 꽃가루가 잘 날아가도록 도와주는 장치도 볼 수 있는데, 예를 들어 소나무와 전나무의 꽃가루에는 2개의 공기 주머니가 달려 있다.

꽃식물의 80퍼센트는 곤충을 이용해서 꽃가루를 옮기는데, 이러한 꽃을 **충매화**라고 한다. 이 경우에 꽃가루의 이동은 능동적으로 이루어지지만, 대신 식물과 동물이 각자 원하는 목적이 서로 맞아 떨어져야 한다. 즉, 움직일 수 있는 동물은 양분을 얻기를 원하고, 움직이지 못하는 식물은 꽃가루를 뿌리기를 원하는 것이다. 그래서 식물은 자신의 상황에 맞는 전략을 세운다. 꽃이 크고, 색깔이 화려하고, 향기가 나는 것이 바로 그러한 전략에 해당된다. 꽃가루끼리 서로 달라붙을 수 있도록 점성을 지닌 꽃가루도 간혹 있는데, 이 역시 곤충을 통해 최대한 많이 옮겨질 수 있기 위한 전략이다. 풍매화의 경우와는 달리, 충매화는 꽃부리를 넓게 펼침으로써 그 향기와 색깔, 형태가 더 두드러지도록 만든다. 장미의 향기에는 300가지가 넘는 화학 물질이 혼합되어 있는데, 사람들도 매력적으로 보이기 위해 그 향기를 향수로 사용한다. 안토시안 처럼, 꽃이 지니고 있는 색소는 분홍색에서 파란색 등의 색깔을 내면서 곤충을 유혹한다. 꽃이 지닌 마지막 전략은 곤충에게 꽃가루나 꽃꿀 같은 양분을 제공하는 것이다. 꽃꿀이 분비되는 꿀샘은 꽃부리 안쪽에 위치하고 있다. 따라서 곤충은 꽃 안으로 들어갈 수밖에 없고, 그렇게 수술과 암술머리 사이에서 몸을 움직이면서 꽃가루를 옮기게 된다. 충매화의 전략은 종에 따라 다양하게 나타나는데, 놀라울 정도로 기발한 것도 있다.

• • • •

안토시안(anthocyan) 식물의 꽃, 잎, 열매 등의 세포액 속에 들어 있으며, 빨강, 파랑, 초록, 자주 등의 빛깔을 나타내는 색소.

단풍나무와 버드나무의 꽃은 작아서 거의 눈에 띄지 않는다. 그러나 그 대신 풍부한 꽃꿀을 가지고 있어서 곤충들을 불러 모은다.

  쥐방울덩굴˚의 꽃은 꽃잎이 달라붙어 있어 볼품이 없지만, 관 모양의 꽃부리 안 쪽에 꿀샘이 있다. 관 안쪽으로는 뻣뻣한 털이 아래쪽을 향해 가득 나 있는데, 관 안으로 들어간 곤충은 그 털 때문에 빠져나올 수가 없어서 몸을 움직이게 되고, 그러면서 꽃가루를 몸에 묻히게 된다. 곤충이 들어온 꽃은 그 곤충이 죽기 전에 시들게 되며, 그렇게 해서 풀려난 곤충이 제 몸에 묻은 꽃가루를 다른 식물에 옮김으로써 수분이 이루어진다.

  무화과나무는 꽃턱이 자라 무화과가 되는데, 항아리 모양의 무화과 안에 작은 암꽃과 수꽃이 빽빽하게 들어 있다. 무화과나무의 수분을 매개하는 곤충은 무화과꼬마벌이다. 이 곤충은 향기에 이끌려 무화과 안에 알을 낳는데, 곤충이 다녀가고 나면 무화과는 다시 닫힌다. 시간이 지나면 곤충의 애벌레가 자라게 되고, 그 애벌레가 무화과 안을 돌아다니면서 수분이 이

  ● ● ● ●

  쥐방울덩굴 쥐방울덩굴과의 여러해살이 덩굴풀. 높이는 1.5미터 정도이며, 잎은 어긋나고 세모진 심장 모양이다. 7~8월에 녹색을 띤 자주색의 꽃이 잎겨드랑이의 꽃대 끝에 한 개씩 피고 열매는 익으면 말라 쪼개지면서 씨를 퍼뜨린다. 뿌리와 열매는 약용하며 산과 들에서 자란다.

수분이 이루어지면 꽃은 시들고 꽃잎은 닫혀서 수정을 준비한다.
이때의 꽃은 바람에 날리지도 않고, 동물을 유혹하지도 않는다.

루어지게 만든다. 성충이 된 무화과꼬마벌은 무화과가 익어서 갈라졌을 때 밖으로 나오게 된다. 만약 여러분이 아직 갈라지지 않은 무화과를 한 입 깨물어 먹었다면, 그 안에 갇혀 있던 무화과꼬마벌 몇 마리도 신나게 같이 삼켜버렸다는 말이다!

난초의 경우에는 꽃잎의 모양과 색깔, 향기가 힘을 합쳐서 수분을 매개하는 곤충을 유혹한다. 난초의 꽃은 색깔이 화려하고 모양이 특이한 꽃잎을 가지고 있으며, 꽃가루는 덩어리로 뭉쳐져 있다. 넓은 꽃잎은 그 모양과 윤곽, 색깔, 털이 곤충 암컷의 배 부분을 닮았다. 꽃은 암컷의 냄새와 비슷한 향기로 수컷을 일단 유혹하고, 꽃잎으로 또 한 번 수컷을 속인다. 여기에 이끌린 수컷은 짝짓기를 하기 위해 꽃을 찾아온다. 그 소동이 이루어지고 있는 동안에 꽃가루가 곤충의 머리에 달라붙게 되고, 그 곤충은 다시 다른 꽃을 찾아간다. 곤충의 입장에서는 짝짓기에 실패했지만, 식물은 덕분에 꽃가루를 효과적으로 옮길 수 있는 것이다.

곤충 외의 동물들도 수분을 매개하는 역할을 할 수 있는데 하이비스커스 꽃의 강렬한 붉은색을 좋아하는 벌새를 예로 들 수 있다. 하이비스커스 꽃은 평평하게 펼쳐져 있는데, 벌새는 꽃꿀을 먹기 위해 꽃 앞에서 날개를 파닥이며 날면서 기다란 부리를 꽃 안으로 집어넣는다. 그때 벌새의 머리가 수술과 암술머리에 부딪치게 되고, 그렇게 해서 이 꽃에서 저 꽃으로 꽃가루를 옮기게 된다.

어떤 경우이든 간에 꽃가루는 되는대로 뿌려지면서 대부분은 아무 곳에나 떨어진다. 따라서 그냥 버려지는 경우가 많은데, 꽃은 꽃가루를 많이 만들어내는 것으로 그 손실을 만회한다. 일단 수분이 이루어지고 나면 꽃은 시들게 되고, 꽃받침 조각과 꽃잎은 생식 기관을 보호하기 위해 다시 접힌다. 이제 꽃은 바람에 날리지도 않고, 동물에게 매력을 발산하지도 않는다. 조용히 수정이 이루어져야 하는 때가 온 것이다.

수정이란 무엇일까?

자가 수분 다음에는 **자가 수정**이 일어난다. 즉, 한 개체가 암수 두 생식 세포를 모두 제공함으로써 그 개체 안에서 암수 기능이 동시에 충족되는 수정을 말한다. 그에 비해, 타가 수분 다음에는 **타가 수정**이 일어난다. 타가 수정은 두 개체 사이에서 일어나는데, 한 쪽은 꽃가루를 제공하면서 웅성 배우체로 관여하고, 다른 한 쪽은 난구를 제공하면서 자성 배우체로 관여한다.

수분이 이루어진 순간, 꽃가루는 암술 위쪽에 위치한 암술머리에 붙어 있고, 암 생식 세포에 해당되는 난구는 암술 아래쪽에 위치한 밑씨 안에 들어 있다. 그렇다면 꽃가루 안에 들어 있는 수 생식 세포는 어떻게 난구까지 가서 수정을 하는 것일까? 고등 식물이 물에서 해방될 수 있었던 것은, '관생식'을 발달시킨 덕분이다. 꽃가루가 발아하려면 호르몬의 일치가 반드시 필요하다. 꽃가루가 다른 종의 꽃 위에 떨어지면 말라죽고, 같은 종의 꽃에 떨어지면 끈끈한 암술머리에 달라붙어 물기를 얻으면서 자랄 수 있는 것은 바로 그 때문이다. 물기를 많이 머금게 된 꽃가루는 그 압력으로 벽이 갈라지게 되고, 그렇게 해서 세포질이 흘러나오면서 화분관을 형성한다. 화분관은 땅에 뿌리를 내리듯 암술대를 뚫고 내려가는데, 화분관 끝에는 앞에서 말했던 영양핵과 생식핵이 들어 있다. 암술대 안으로 뻗는 동안 화분관은 암술대 내부의 유조직에서 양분을 얻는다. 화분관이 자라는 것은 영양핵의 역할에 따른 것인데, 종에 따라 몇 날이 걸릴 수도 있고 몇 개월이 걸릴 수도 있다(개암나무는 4~5개월이 걸린다). 암술대를 다 내려간 화분관은 마침내 씨방을 뚫고 배낭에 도달하게 되고, 그러면 화분관의 성장이

● ● ● ●

관생식(siphonogamy) 'siphono-'는 관(tube)을 의미하고, '-gamy'는 결혼 · 결합 · 생식을 의미한다. 즉, 관을 통해 수정이 이루어진다는 것을 뜻한다.
유조직 식물체의 대부분을 차지하는 조직으로, 중요한 생리 작용을 담당한다. 다량의 물 · 엽록체 · 전분 · 당류 · 색소 등을 함유한 유조직 세포로 이루어진다. 세포막이 얇으며 원형질을 포함하고 있다.

멈추면서 영양핵은 사라진다.

겉씨식물의 수정은 간단하다. 생식핵이 배낭 안으로 들어간 다음 난구와 결합해서 수정란을 만들면 끝이다. 수정이 이루어지면 배낭 안에 들어 있는 저장 조직, 즉 **내배유**(endosperm)의 발달이 촉진되는데, 그 내배유가 배를 위한 양분이 된다. 속씨식물의 수정은 이중으로 이루어진다. 화분관 끝에서 생식핵이 2개로 분열되는데, 하나는 난구와 결합해서 수정란이 되고, 다른 하나는 2개의 배낭 세포와 결합해서 **배젖**˚(albumen)이 된다. 역시 이 배젖이 배에 양분을 제공한다. 생식핵과 결합하지 않은 나머지 배낭 세포들은 퇴화한다.

수정은 꽃에 생리학적 자극을 유발하는데, 그 결과 세 가지 변화가 함께 일어난다. 중심부에서는 수정란이 배로 자라고, 배를 둘러싸고 있던 밑씨가 씨를 형성하고, 속씨식물에서 씨를 둘러싸고 있던 씨방은 열매가 되는 것이다. 꽃은 시들어 떨어졌기 때문에 이제 배는 씨에 의해서 보호되며, 속씨식물의 경우에 씨는 다시 열매에 의해 보호된다.

• • • •

배젖 씨앗 속에서 발아하기 위한 양분을 저장하고 있는 조직. 속씨식물에서는 배낭 안에 두 개의 극핵과 화분관을 통하여 온 정핵이 수정하여 생긴다. 겉씨식물에서는 배낭 세포가 증식한 것이다.

왜 매번 다른 수정란과 개체가 만들어질까?

수정이 이루질 때마다 부계 염색체와 모계 염색체는 매번 새로운 조합 안에서 무작위로 만나게 되는데, 그 결과 유전자가 뒤섞이면서 유전자 다양성이 커지게 된다. 실제로, 감수 분열 후에 생식 세포는 n을 가지게 되고, 포자체의 2개의 상동염색체 가운데 하나만 물려받는다. 포자체가 단 한 쌍의 염색체만 가지고 있다고 해보자. 그러면 생식 세포는 그 한 쌍에 들어 있는 2개의 염색체 가운데 하나를 무작위로 뽑게 되고, 그 결과 서로 다른 2가지 생식 세포가 만들어진다. 포자체가 만약 두 쌍의 염색체를 가지고 있다면, 생식 세포는 첫 번째 쌍에서 하나를, 그리고 두 번째 쌍에서 다른 하나를 무작위로 뽑게 된다. 따라서 $2 \times 2 = 4$, 혹은 2가지의 서로 다른 생식 세포가 만들어진다. 이를 일반화하면, n쌍의 염색체에 대해 생식 세포가 가질 수 있는 최대 다양성은 2^n이 된다는 것을 알 수 있다. 예를 들어, 시금치의 경우에 n = 6이므로 생식 세포의 최대 가짓수는 $2^6 = 64$가 된다. 마찬가지로, 까치밥나무는 n = 8, $2^8 = 256$이 되고, 담배[*]는 n = 24, $2^{24} = 16,777,216$이 된다. 보리수와 고

● ● ● ●

담배 가짓과의 한해살이 식물. 잎을 건조시켜 담배를 만든다. 높이는 1.5~2미터이며, 40여 개의 넓고 길쭉한 잎은 어긋나고 줄기에 촘촘히 난다. 여름에 깔때기 모양의 연분홍 꽃이 줄기 끝에 피고, 달걀 모양의 열매가 10월에 맺는다.

사리의 n은 각각 41과 550에 달한다. 이 둘에 대해 생식 세포의 가짓수를 계산하는 수고는 여러분에게 맡기겠다!

그러한 생식 세포를 가진 모체가 적어도 하나의 배우자를 만났을 때, 그 둘은 서로 다른 생식 세포의 가짓수를 제곱한 만큼의 개체를 만들 수 있다. 최대로 있을 수 있는 생식 세포가 4가지라면 $2^4=16$개의 서로 다른 개체가 만들어지고, 생식 세포가 64가지라면 $2^{64}=4,096$개의 서로 다른 개체가, 생식 세포가 256가지라면 $2^{256}=65,536$개의 서로 다른 개체가 만들어진다는 말이다. 식물은 일생 동안 여러 배우자를 만나게 되므로 자손의 유전자 다양성은 한층 더 커진다.

배와 씨, 열매란 무엇일까?

배란 무엇일까?

수정이 이루어진 후, 수정란이 첫 번째 분열을 하는 순간부터 배는 독자적인 유기체로 발달하며, 내배유나 배젖에 들어 있는 저장 물질에서 양분을 얻는다. 처음에 배는 분화되지 않은 여러 개의 세포로 이루어져 있다. 그리고 시간이 지나면, 그 세포들은 기관을 형성하기 위해 분화된다. 그렇게 해서 배는 씨 안에서 다음과 같이 작은 식물의 모습을 갖추게 된다.

- 최초의 잎, 즉 **떡잎**은 씨의 발아를 준비하기 위한 새로운 저장 물질을 축적한다.
- 떡잎 사이로 작은 줄기가 나타나는데, 위로는 싹이, 아래로는 뿌리가 달려 있다.

이 시기에 배는 성장을 순간적으로 멈춘다. 배는 씨 안에서 보호를 받으면서 수명을 오래 이어간다.

배는 많은 시련을 극복해야 하는데, 특히 뜨거운 여름을 이겨낼 수 있어야 한다. 여름의 기후로 인해 말라서 죽게 되는 경우가 많기 때문이다. 그러한 시련에 대응하는 식물의 전략은 언제나 똑같은데, 수정란과 배를 최대한 많이 만드는 것이다.

씨란 무엇일까?

화분관은 암술대 안으로 자라면서 밑씨를 씨로 바꾸어주는 성장 호르몬을 가져다준다. 수정이 이루어지고 며칠이 지났을 때, 포도의 밑씨는 4000배로 커지고, 아보카도의 밑씨는 자그마치 30만 배가 커진다!

다 자란 씨는 하나의 배와 그 배를 둘러싸고 있는 저장 조직,

그리고 제일 바깥에서 보호 기능을 하는 외피로 이루어져 있다. 씨의 크기는 종에 따라 다양하다. 난초의 씨처럼 먼지 알갱이만큼 작을 수도 있고, 포도씨 정도의 크기일 수도 있으며, 아보카도의 씨만큼 클 수도 있다. 발아 시기가 되면 씨의 저장 물질에서 양분을 얻은 배가 새싹으로 자라게 된다. 씨는 그 저장 조직의 성질에 따라 구분된다. 소나무와 같은 겉씨식물의 경우, 내배유가 저장 조직에 해당된다. 속씨식물은 버들옷˙에서처럼 배젖이 배보다 빨리 자라서 더 많은 자리를 차지하는 경우도 있고, 강낭콩에서처럼 배가 더 빨리 자라서 2장의 떡잎 안에 저장 물질을 축적하는 경우도 있다.

씨는 자라는 동안 수분이 제거되기 때문에 수분을 10퍼센트밖에 함유하지 않는다.(그에 비해 영양 기관은 평균적으로 90~95퍼센트가 수분으로 되어 있다.) 씨는 수명이 길고, 악천후에도 잘 견딘다. 씨의 외피가 두껍고 물이 스며들지 않는 성질이 클수록 수명은 더 길어진다. 발아하기에 유리한 조건을 기다리면서, 1년에서 수 세기까지 수명이 지속될 수도 있다. 꽃

● ● ● ●

버들옷 대극과의 여러해살이풀. 높이는 80cm 정도이고 잔털이 나 있으며, 잎은 어긋나고 피침 모양이다. 6~8월에 녹황색의 작은 단성화가 피고 사마귀 모양의 돌기가 있는 열매를 맺는다. 어린잎은 식용하고 뿌리는 약용한다. 산과 들에 자라는데 한국, 일본, 중국 등지에 분포한다.

식물은 발아 능력을 오랫동안 보존하는 씨를 가짐으로써 육지 환경의 불안정한 조건에 적응하는 힘을 크게 키울 수 있게 된 것이다.

겉씨식물은 열매를 만들지 않는다. 단지 암꽃의 비늘이 겉으로 드러나 있는 씨를 보호하고 있는데, 다 자란 암꽃이 시들게 되면 비늘이 벌어지면서 씨를 내놓는다. 이때 씨는 가볍고 건조하며, 바람에 의한 이동을 도와주는 날개를 가지고 있는 경우도 간혹 있다. 이처럼 바람에 의해 씨가 퍼지는 것을 **풍매**(anemochore)라고 한다.(소나무, 전나무) 암꽃이 즙을 지녔을 경우에는 새가 암꽃을 먹게 되고, 그렇게 되면 새의 배설물을 통해 씨가 뿌려진다. 이처럼 동물에 의해 씨가 퍼지는 것은 **동물매**(zoochore)라고 한다.(노간주나무) 따라서 씨는 식물의 확산을 맡고 있는 기관이라 할 수 있다.

속씨식물은 씨 주위로 열매가 형성되는데, 그 열매가 땅에 떨어지면 씨를 뿌리게 된다. 열매가 식물에 계속 붙어 있을 경우에는 과육에 집중적으로 들어 있는 수분의 압력에 의해 열매가 갈라지거나(토마토) 마르면서 갈라지게 되고,(난초, 양귀비) 그렇게 해서 씨가 뿌려진다.

식물은 환경의 위험 요소에 맞서기 위해 언제나 아주 많은 씨를 만들어낸다. 구주소나무(Pinus sylvestris)가 1년에 만드는 씨는 자그마치 6만 5000개에 달한다.

열매란 무엇일까?

속씨식물에서 수정이 이루어지면 씨방이 자라게 되고, 그 씨방이 변하면서 씨 주위로 열매를 형성한다. 이때 꽃에 속한 조직들은 시들어 없어지는데, 단 일부 식물에서는 꽃의 부속기관들이 남아서 **헛열매**로 자란다.

열매의 형태가 아주 다양하다는 것은 씨가 그만큼 다양한 방식으로 보호되고 있다는 것을 의미한다. 열매가 즙을 가지고 있을 때, 씨가 과육 안에 파묻혀 있으면 **장과**라고 하고,(포도) 씨가 단단한 핵으로 싸여 있으면 **핵과**라고 한다.(복숭아) 말라 있는 열매는 **수과**일 경우에는 익어도 자연적으로 터지지 않고,(개암, 딸기) **삭과**일 경우에는 껍질이 마르면서 갈라진

• • • •

헛열매 꽃받침, 꽃대의 부분이 씨방과 함께 비대해져서 된 과실. 과피의 외부는 다육질이고 내부에는 핵이라고 하는 단단한 층이 있다. 무화과, 배, 사과, 양딸기 등이 있다.

수과 식물의 열매 가운데 하나. 씨는 하나로 모양이 작고 익어도 터지지 않는다. 미나리아재비, 민들레, 해바라기 등의 열매가 수과에 해당된다.

삭과 익으면 열매껍질이 말라 쪼개지면서 씨를 퍼뜨리는 열매. 심피의 등이나 심피 사이가 터져서 씨가 나오는데, 세로로 벌어지는 것으로는 나팔꽃, 가로로 벌어지는 것으로는 쇠비름, 구멍을 벌리는 것으로는 양귀비꽃 등이 있다.

다.(깍지콩, 금작화) 열매의 껍질은 하나의 층으로만 되어 있을 수도 있고, 씨 주위로 3개의 층을 이루고 있을 수도 있다. 복숭아의 솜털, 우엉의 가시, 느릅나무 열매의 날개가 제일 바깥층에 해당된다. 중간층은 사과에서 우리가 먹는 과육 부분을 말한다. 제일 안쪽에 있는 층은 단단해지면서 얇은 반투명의 섬유소 벽을 이루는 경우도 있고,(사과) 두꺼워진 경우도 있으며,(복숭아) 과즙을 지닌 털로 변한 경우도 있다.(오렌지)

딸기는 꽃턱이 길어지고 통통해지고 붉어지면서 만들어진 헛열매다. 딸기의 참열매는 작은 수과 형태로 딸기에 붙어 있다. 딸기를 먹을 때 이에 씹히는 것, 그래서 우리가 흔히 씨로 잘못 알고 있는 것이 사실은 딸기의 열매다. 나무딸기와 오디도 꽃턱에 변화가 생기는데, 그러나 이 경우에 꽃턱은 부푸는 것이 아니라, 서로 뭉쳐져 있는 수많은 열매들의 버팀대 역할을 해준다. 먹었을 때 이빨 사이에 때때로 끼는 것은 그 열매들의 씨다. 들장미의 씨방은 꽃턱 안에 들어박혀 있는데, 그 전체가 붉고 털이 나 있는 열매가 된다. 따라서 들장미 열매는 참열매에 해당된다. 들장미 열매의 털이 우리 피부에 닿으면 몹시 간질거리는 느낌이 들게 되는데, 프랑스어에서 들장미 열매를 두고 '엉덩이를 간질거리다'는 뜻의 '그라트퀼(gratte-cul)'이라고도 부르는 것은 바로 그 때문이다.

열매는 자라는 동안 화학 성분이 변하게 되는데, 당도가 높아지고 초록색의 과일산은 호흡에 의해 태워진다. 열매는 익으면 향기가 나는 물질을 합성하면서 맛을 낸다. 예를 들어, 사과의 맛은 약 200가지의 물질이 더해져서 만들어진 것이다. 열매가 익으면 색깔도 새롭게 바뀌게 되는데, 그렇게 향기와 색깔로 다시 동물들을 유혹한다.

다 익은 열매는 식물에 그대로 붙어 있는 채로 씨를 퍼트릴 수도 있다. 그러나 대부분의 경우에는 식물에서 떨어지고, 그러면서 씨도 함께 떨어지게 만든다. 열매가 무거울 때는 중력에 의해 모체 식물 발치에 떨어진다. 이러한 확산 방식은 다른 특별한 매개 없이 무게에 의해서만 이루어지는 것으로, **중량매**(barochore)라고 부른다.(도토리) 이 방식을 좀 더 개선시킨 전략들도 있다. 가령, 밤나무에서 떨어지는 밤송이는 땅에 부딪쳤을 때 갈라짐으로써 밤이 주위로 흩어지게 만든다. 하천 가에 자라는 식물의 열매는 물에 떠서 이동하기도 하는데, 물푸레나무의 열매가 그 예에 해당된다. 바다에 떨어진 야자 열매는 바람을 타고 한 산호초에서 다른 산호초로 옮겨간다. 건조한 돌담 위로 피어 있는 푸르스름한 담쟁이덩굴 꽃은 꽃자루에 의해 받쳐지고 있는데, 그 꽃자루는 처음에는 짧았다가 수정 후에는 길어진다. 꽃자루는 우선 벽에서부터 멀어졌다가 다시 벽으로

휘어져 들어오며, 그렇게 해서 열매와 씨가 돌 틈으로 들어가게 만든다.

건조하고 가벼운 열매는 바람을 타고 종종 꽤 멀리까지 옮겨지는데 이는 풍매에 해당된다. 단풍나무의 열매는 2개의 날개를 가지고 있고, 느릅나무의 열매는 초승달 모양의 커다란 날개를 하나 가지고 있다. 민들레의 열매에는 기다란 털이 달려 있는데, 그래서 마치 하얀 솜사탕을 뒤집어쓰고 있는 것처럼 보인다. 그 털이 바람을 타면서 열매가 날아가는 것을 도와준다. 민들레씨를 후 하고 불어 본 경험은 여러분도 아마 있을 것이다.

열매는 동물에 의해서도 확산될 수 있다. 동물매의 경우가 그것이다. 어떤 식물이 수분을 위해 곤충을 이용했다면, 그 식물의 씨와 열매를 뿌리는 역할은 다른 동물이 해 주는 경우가 많다. 가령 호랑가시나무˚의 붉은 열매는 그 열매를 먹고 씨를 뱉어놓는 새에 의해 멀리까지 옮겨진다. 겨우살이˚의 흰 열매는 끈끈한 성질을 가지고 있어서, 새의 다리에 달라붙어 이동

● ● ● ●

호랑가시나무 감탕나뭇과의 상록 활엽 소교목. 높이는 2~3미터이며, 잎은 어긋나고 달걀 모양 또는 넓은 타원형으로 가시 모양의 예리한 톱니가 있다. 4~5월에 흰 꽃이 피고, 열매는 가을에 붉게 익는다. 크리스마스트리로 많이 쓰고 관상용으로 재배한다.

한다. 자주개자리 (alfalfa)와 우엉의 열매에는 갈고리 같은 것들이 달려 있는데, 그 갈고리를 이용해서 양이나 염소의 털에 달라붙는다.

꽃가루나 씨의 경우와 마찬가지로, 열매도 되는대로 아무 장소로 떨어지기 때문에 손실되는 부분이 많다. 따라서 식물 하나가 왜 많은 수의 열매를 만드는지는 말할 필요도 없을 것이다.

- - - -

겨우살이 겨우살잇과의 상록 관목. 높이는 40~50cm이며, 잎은 마주나고 긴 타원형이다. 이른 봄에 작고 노란 꽃이 가지 끝에 피고 반투명한 공 모양의 열매는 가을에 누런 녹색으로 익는다. 참나무·오리나무·버드나무 등에 기생하며 줄기와 잎은 약용한다.

자주개자리 콩과의 여러해살이풀. 높이는 30~90cm이며, 잎은 어긋나고 겹잎이다. 7~8월에 자줏빛 꽃이 피고 열매는 꼬투리로 맺히며, 사료용으로 재배한다.

4

식물의 **유성 생식 전략**은

어떤 것이 있을까?

유성 생식에는 어떤 방법이 있을까?

1년 내내 생식 활동이 가능한 사람과는 달리, 식물이 유성 생식 활동에 들어가는 기간은 짧게 한정되어 있다. 생물학적 사건이 적절한 계절에 일어나야 하고, 사건과 사건들이 서로 잘 맞아떨어져야 하기 때문이다. 실패로 돌아가는 경우도 많아서, 그러한 손실을 보완하기 위해 식물의 잠재적인 자손의 수, 즉 **생식력**(fecundity)은 사람에 비해 언제나 높다. 사람은 아이를 열 명 이상 낳는 경우가 거의 없으니 말이다.

식물 개체군의 생식 방법은 다양하며, 생식 방법이 유전자 다양성에 미치는 영향은 꽃가루와 씨가 퍼지는 거리에 따라 달라진다. 왜냐하면 꽃가루와 씨의 확산은 개체군들 사이에서 개체와 유전자를 뒤섞는 일이기도 하기 때문이다. 꽃가루는 자가

식물의 생식은 실패하는 경우가 많기 때문에 이러한 손실을 보완하기 위해
최대한 많은 수의 수정란과 열매를 만들어 생식력을 높인다.

수분,(수 센티미터) 곤충에 의한 수분,(수 미터) 바람에 의한 수분,(수백 미터) 동물에 의한 수분(수 킬로미터) 순서로 점점 더 멀리 옮겨진다. 씨는 중량매, 동물매, 풍매의 순서로 더 멀리까지 퍼뜨려진다. 어떤 종에 대해 바람이 꽃가루와 씨를 먼 거리에 걸쳐 옮길 경우에는 뒤섞이는 정도가 아주 커지며, 따라서 두 생식 세포의 만남은 어쩌다 우연히 이루어지는 것으로 볼 수 있다. 그와 반대로, 자가 수분과 중량매가 일어나는 경우에는 뒤섞임이 거의 일어나지 않는다. 이 두 가지 상황은 극단적인 경우를 말한 것이고, 중간적인 단계도 물론 존재한다.

수학적 설명을 통해 이 두 가지 극단적인 상황을 그려보기로 하자. 한 세대에서 다른 세대로, 즉 G_0에서 G_3로 넘어가는 과정을 시뮬레이션으로 만들어보는 것이다. 여러 개의 유전 정보, 즉 대립 유전자가 들어 있는 **다형 유전자**(polymorphic gene)에 대해, A와 B라는 2개의 정보가 들어 있는 가장 간단한 경우를 고려해 보자. 이때 A와 B의 빈도를 각각 p와 q로 놓으면, p+q=1이다. 대립 유전자를 2개씩 조합하면, 2n을 가진 서로 다른 세 가지 **유전자형**, 즉 AA, BB, AB가 나온다. 이때 AA

● ● ● ●

대립 유전자 대립 형질을 지배하는 한 쌍의 유전자. 염색체 위의 같은 유전자 자리에 위치하며, 서로 우성과 열성 관계에 있는 것이 보통이다.

와 BB는 두 유전자가 같은 정보를 가지고 있으므로 **동형 접합체**이고, AB는 다른 정보를 가지고 있으므로 **이형 접합체**이다. 간단한 가정을 세워 계속 이야기해 보자. G_0에서 AA, BB, AB 유전자형에 대한 개체수를 각각 4, 5, 6으로 불균등하게 놓고, 생식력은 모두 2로 동일하게 놓고 시작해 본다. 현실에 좀 더 가까워지려면 더 자세한 가정을 세워야 하겠지만, 그러면 더 복잡해지는 계산을 위해 컴퓨터를 동원해야 할 테니 여기서는 간단한 가정에 만족하기로 하자!

꽃가루와 씨가 멀리까지 옮겨지면서 뒤섞임의 정도가 클 때, 생식 세포는 어쩌다 우연히 만나는 것으로 볼 수 있다고 앞에서 말했다. 그러한 경우에 유전자형 빈도는 대립 유전자 빈도에 관계되어 있는데, $(p+q)^2 = p^2 + 2pq + q^2 = 1$이라는 이항 방정식을 통해 나타낼 수 있다. 여기서 p^2은 AA 동형 접합체에 대한 빈도에 해당되고, $2pq$는 AB 이형 접합체에 대한 빈도, q^2은 BB 동형 접합체에 대한 빈도에 해당된다. 그러면 65쪽의 표와 같은 계산이 나온다.

G_1과 G_3에서 소수점을 가진 개체수가 나온 것은 위 계산이 인위적인 가정에 따른 것이기 때문이다. 그러나 세대가 넘어감에 따라 식물의 개체수가 증가하는 것은 사실이다. 즉, 번식이 일어났다는 말이다. 대립 유전자 빈도는 G_1에서부터는 더 이

3가지 유전자형(2n)	AA	AB	BB	총 개체수	A의 빈도 p	B의 빈도 q	$p+q=1$
$(p+q)^2$	p^2	$2pq$	q^2	1	p	q	1
생식력	2	2	2				
G_0에서의 개체수	4	5	6	15	0.43	0.57	1
G_1에서의 개체수	**5.5**	**9.5**	**15.0**	**30**			
백분율 및 빈도	18.3	31.7	50.0	100	0.34	0.66	1
G_2에서의 개체수	**7.0**	**27.0**	**26.0**	**60**			
백분율 및 빈도	11.7	45.0	43.3	100	0.34	0.66	1
G_3에서의 개체수	**13.9**	**53.8**	**52.3**	**120**			
백분율 및 빈도	11.6	44.8	43.6	100	0.34	0.66	1

상 바뀌지 않고, 유전자형의 비율은 G_2에서부터 거의 바뀌지 않고 있는데, 이는 개체군의 유전자 다양성이 안정되었음을 의미한다. 그러한 이론적인 유전적 균형 상태는 현장에서 볼 수 있는 구체적인 상황과 그다지 동떨어져 있지는 않다. 그러나 만약 그 균형이 완벽하다면, 세대가 바뀌면서 일어나는 유전자 변화가 없었다는 말이다. 이와 같은 상황을 **타가 생식**(allogamy) 이라고 부른다.

식물이 자가 수정을 할 때는 유전자의 뒤섞임이 거의 일어나지 않는다. 이 경우에 AA와 BB라는 동형 접합체로 이루어진 모든 개체는 AA를 가졌다면 A 생식 세포를, BB를 가졌다면 B 생식 세포를 내놓는다. 따라서 그 자손들도 모체와 마찬가지로 모두 동형 접합체 개체가 된다. 그와 반대로, AB라는 이형 접

3가지 유전자형(2n)	AA	AB	BB	총 개체수	A의 빈도 p	B의 빈도 q	$p+q=1$
생식력	2	2	2				
G_0에서의 개체수	4	5	6	15	0.43	0.57	1
G_1에서의 개체수	**10.5**	**5.0**	**14.5**	**30**			
백분율 및 빈도	35.0	16.7	48.3	100	0.43	0.57	1
G_2에서의 개체수	**23.5**	**5.0**	**31.5**	**60**			
백분율 및 빈도	39.2	8.3	52.5	100	0.43	0.57	1
G_3에서의 개체수	**49.5**	**5.0**	**65.5**	**120**			
백분율 및 빈도	41.2	4.2	54.6	100	0.43	0.57	1

합체는 절반은 A 생식 세포를, 절반은 B 생식 세포를 내놓고, 그 둘이 무작위로 만나서 만들어지는 자손의 4분의 1은 AA, 4분의 1은 BB, 나머지 2분의 1은 AB가 된다. 그에 따른 계산은 위 표와 같다.

위 표를 보면 총개체수와 동형 접합체의 수는 증가하는 반면, 이형 접합체의 수는 변하지 않음을 알 수 있다. 결과적으로, 동형 접합체의 비율은 늘어나고, 이형 접합체의 비율은 세대가 바뀔 때마다 절반씩 줄어들면서 급격히 감소한다. 이러한 상황을 두고 **자가 생식**(autogamy)이라고 한다. 자가 생식은 대립 유전자 빈도에 아무런 영향을 미치지 않아서, 그 값은 안정된 상태로 유지된다. 전체적으로 볼 때, 자가 수정은 이형 접합체의 비율을 감소시킴으로써 개체군의 유전자형 다양성을 빈곤하게 만든다.

이상에서 말한 두 가지 극단적인 상황만 있는 것은 아니며, 양성 식물은 대개는 혼합된 수정 방식을 가지고 있다. 실제로, 두 가지 성이 같은 꽃이나 같은 그루에 함께 존재할 경우에는 자가 수정이 유리하고, 따라서 근친 교배가 우선적으로 일어난다. 근친 교배는 동물에 비해 식물에서는 심각한 문제가 되지는 않는다. 그러나 자가 수정만 일관되게 이루어지면 그 식물 개체군은 이형 접합체를 잃게 되고, 따라서 유전자형 다양성이 감소되면서 쇠약해지게 된다. 교배 실험을 통해 자가 생식과 타가 생식으로 발생시킨 식물을 비교해보면, 자가 수정에 따른 자손들이 생명력과 개체의 생식력, 씨의 발아율, 새싹의 생존율에 있어서 상당한 열세를 보이는 것이 실제로 관찰된다. 자연은 양성 식물이 자가 수정을 하는 비율을 떨어뜨리기 위한 여러 가지 장치를 마련해 두고 있다. 예를 들어, 암 생식 기관과 수 생식 기관이 성숙되는 시기를 서로 어긋나게 만들어 두는 것이다. 수술이 암술보다 먼저 성숙하게 되면, 암술머리가 꽃가루를 받을 수 있는 상태가 되기 전에 수술의 꽃가루가 뿌려진다.(초롱꽃) 그와 반대로, 암술머리가 수술보다 먼저 성숙하게 되면, 암술머리는 다른 개체의 꽃가루를 받게 된다.(쥐방울덩굴) 아보카도 나무는 그 두 가지 전략을 조합해서 사용하고 있다. 꽃이 펴 있는 동안 몇몇 나무는 아침에 꽃가루를 내놓

고 오후에 꽃가루를 받고, 또 다른 나무들은 오후에 꽃가루를
내놓고 아침에 꽃가루를 받는다.

유성 생식의 이점은 무엇일까?

거의 모든 식물은 유성 생식과 **영양 생식** 둘 다를 이용해서
번식할 수 있다. 줄기 하나가 땅에 떨어져서 부식토에 묻히기
만 해도 뿌리를 내려 새로운 개체로 자란다. 제라늄 꺾꽂이를
통해 여러분도 보았을 것이다. 생식 기관을 필요로 하지 않는
번식 방법에서는 식물은 아무런 특별한 자원도 들이지 않아도
된다. 그러나 유성 생식은 꽃과 생식 세포, 씨, 열매를 만들기
위해 자원을 동원해야 한다. 게다가 그 대부분이 그냥 손실되
는데도 말이다. 따라서 식물은 영양 생식에는 거의 비용을 들
이지 않고, 유성 생식에는 많은 비용을 치르고 있는 셈이다. 영
양 생식만으로도 종을 유지하기에는 충분하지 않을까? 왜 식
물은 비용은 많이 들고 성과는 별로 없는 유성 생식에 계속해

• • • •

영양 생식 무성 생식의 한 종류. 일반적으로 식물이 씨앗이나 포자를 이용하지
않고 잎, 줄기, 뿌리와 같은 영양 기관을 이용해서 번식하는 방법을 가리킨다.

서 투자를 하고 있는 것일까? 그러한 모순을 설명하려면, 식물의 성 활동에서 유성 생식에 따른 비용을 보상해 주는 이점을 찾아야 한다. 현재 이론(異論)이 분분한 가운데 여러 가설이 제기되고 있는데, 유성 생식을 하면 개체 사이에서나(자가 수정) 다른 개체의 배우자 사이에서(타가 수정) 유전자가 뒤섞임으로써 유전자 다양성을 얻을 수 있다는 설명이 주를 이룬다.

간단한 예를 들어, 2n을 가진 어떤 종이 A와 B라는 두 대립 유전자를 가지고 있고, A와 B의 빈도는 각각 p와 q라고 해 보자. 그리고 G_0에서 나타나는 유전자형의 개체수를 AA 동형 접합체에 대해서는 4, AB 이형 접합체에 대해서는 0, BB 동형 접합체에 대해서는 4라고 놓고, 각 유전자형의 생식력은 모두 2로 놓자. 여기서 주의할 점은, 세 가지 유전자형 가운데 이형 접합체 유전자형이 없는 상태, 따라서 유전자형 다양성이 낮은 상태에서 시작한다는 것이다.

우선 영양 생식만 일어난다고 가정하면, 모체와 동일한 유전자형을 지닌 자손만 만들어지므로 계산은 간단해진다.

개체수는 전체적으로도 유전자형별로도 모두 늘어난다. 그러나 유전자형의 비율과 대립 유전자 빈도는 바뀌지 않는다. 대립 유전자의 뒤섞임이 일어나지 않기 때문에 이형 접합체가 나타나지 않고, 따라서 유전자형 다양성은 여전히 낮다. 성 활

3가지 유전자형(2n)	AA	AB	BB	총 개체수	A의 빈도 p	B의 빈도 q	$p+q=1$
생식력	2	2	2				
G_0에서의 개체수	4	0	4	8	0.50	0.50	1
G_1에서의 개체수	**8**	0	**8**	**16**			
백분율 및 빈도	50.0	0	50.0	100	0.50	0.50	1
G_2에서의 개체수	**16**	0	**16**	**32**			
백분율 및 빈도	50.0	0	50.0	100	0.50	0.50	1
G_3에서의 개체수	**32**	0	**32**	**64**			
백분율 및 빈도	50.0	0	50.0	100	0.50	0.50	1

동이 없으면 세대가 바뀌어도 유전자형 다양성이 처음과 똑같이 낮게 머물러 있는 것이다. 대립 유전자의 뒤섞임이 일어나지 않으면 이형 접합체는 나타나지 않는다.

그럼 이번에는 같은 개체군 안에서 타가 생식에 따른 유성 생식이 일어난다고 해보자. 그때의 계산은 71쪽의 표와 같다.

개체수가 전체적으로도 유전자형별로도 모두 늘어나는 것은 앞의 경우와 같다. 그러나 앞의 경우와는 달리, G_1에서부터 이형 접합체가 나타나고, 세대가 넘어가면서 그 수가 증가하고 있다. 따라서 여기서 우리가 알 수 있는 사실은, 유전자형 다양성이 높아지고 이형 접합체가 나타나는 것은 대립 유전자를 뒤섞어놓는 성 활동 덕분이라는 것이다.

3가지 유전자형(2n)	AA	AB	BB	총 개체수	A의 빈도 p	B의 빈도 q	$p+q=1$
$(p+q)^2$	p^2	$2pq$	q^2	1	p	q	1
생식력	2	2	2				
G_0에서의 개체수	4	0	4	8	0.50	0.50	1
G_1에서의 개체수	4	8	4	16			
백분율 및 빈도	0.25	0.50	0.25		0.50	0.50	
G_2에서의 개체수	8	16	8	32			
백분율 및 빈도	0.25	0.50	0.25		0.50	0.50	1
G_3에서의 개체수	16	32	16	64			
백분율 및 빈도	0.25	0.50	0.25		0.50	0.50	1

맺는 글

'식물은 왜 꽃을 피울까?' 라는 짧은 질문에 답하기 위해 우리는 꽃과 꽃의 기능에 대해 알아보았고, 그렇게 해서 꽃이 얼마나 복잡하고도 경이로운 실체인지 알게 되었다. 진화가 이루어지는 동안, 식물은 간단하면서도 효과적인 방식으로 진화를 해왔을까? 지구에 생명이 출현한 이후로 생물은 계속해서 변하고 있다. 그런데 변할 때마다 다음 선택의 폭은 줄어든다. 왜냐하면 모든 생물은 그 환경과 계속 조화를 이루며 살아가야하기 때문이다. 따라서 꽃이 점차적으로 복잡해진 것은 단지 우연에 의한 것만이 아니라, 선택의 법칙에 의한 것이기도 하다. 간단히 말해서, 어떤 꽃에 자연적으로 돌연변이가 나타났을 때, 그것은 돌연변이가 일어난 개체에게 유리한 조건이 될 수도 있고 불리한 조건이 될 수도 있다. 유리한 조건이 될 경우, 그 개체는 자신의 환경 속에서 더 잘 살아가면서 더 많이 번식하게 되고 따라서 돌연변이 특성은 다음 세대에도 유지가 된다. 반대로 돌연변이가 불리한 조건으로 작용할 경우, 그 개체는 제대로 살지 못하게 되고 때로는 자손도 없이 빨리 죽는다. 따라서 돌연변이 특성은 유지되지 못하는 것이다. 여기서 드러나는 것은, 종이 완벽해지려면 대개는 복잡한 방식으로, 그리고 성과가 거의 없는 방식으로 진화하는 과정을 거친다는 것이다. 그러한 사실은 현재 많은 생물학자들이 몰두하고 있는 문제이기도 하다. 종은 왜 더 간단하게 진화하지 못하는 것일까? 왜 핵심으로 곧바로 가지 않는 것일까? 그 이유는 논리적이지 않은 우연이 먼저 개입하고, 논리적이고도 엄격한 선택은 나중에 가서야 개입하기 때문이다. 처음에는 우연에 의해 다소 무질서한 방식으로 유전자 다양성이 만들어진다. 그러한 우연은 미리 짜놓은 계획 없이, 생물에게 수많은 가능성을 열어둔다. 그러면 선택은 환경에 가장 잘 맞는 가능성을 뽑기만 하면 된다. 파란만장한 굴곡을 겪은 끝에 진화가 이루어지는 것이다. 물론 좀 더 단순한 시나리오를 우리가 만들어 낼 수는 있다. 그러나 가상의 영역으로 들어가려면 현실에 대한 관찰, 즉 과학의 영역을 벗어나게 될 것이다.

꽃식물은 계속해서 진화하고 있을까? 물론이다. 모든 생물은 변하고 있다. 자연적인 조건 안에서 일어나는 그러한 변화는 100만 년을 단위로 하는 지질학적 시간의 차원에서 천천히 이루어지기 때문에 우리 인간의 눈에는 감지되지 않는다. 오늘날 화석을 연구하면 과거의 진화적인 변화를 쉽게 기술할 수 있다. 가령 씨방은 꽃턱 위에 있는 형태가 꽃턱 안에 있는 형태보다 먼저 나타났다. 그러나 미래에 진화가 어떤 흐름으로 이루어질 것인지 예측하는 일은 더 어렵다. 특히 최근에는 인간이 새로운 품종을 만들어 냄으로써 유전자 다양성에 영향을 미치고, 또 인간에게 도움이 되는 식물을 선별하거나 환경을 바꿈으로써 선택에도 영향력을 행사하고 있기 때문에, 진화의 미래를 예측하는 어려움은 한층 더 커진다. 현재의 기후 변화 역시 부분적으로는 인간 활동에 그 책임이 있다. 유럽은 평균 기온이 상승하고 있는데, 프랑스의 산림업자들은 나무가 이전과 동일한 기후 조건에서 자랄 수 있도록 북쪽으로 옮길 생각을 하고 있으며, 영국의 농업 종사자들은 이전에는 키우지 않았던 올리브나무와 포도나무를 남쪽 지방에 심고 있을 정도다. 이제 진화는 더 이상 완만하고 자연적인 변화만을 의미하지 않는다. 몇 년을 단위로 이루어지는 급속한 변화와 함께, 점점 더 인위적인 것이 되어가고 있다.

더 읽어 볼 책들

- 윌리엄 G. 홉킨스, 홍영남 옮김, 『**식물생리학**』(2005, 월드사이언스).

- 닉 아놀드, 조병준 옮김, 『**식물이 시끌시끌**』(1999, 주니어김영사).

- 까트린느 바동, 김동찬 옮김, 『**식물의 힘**』(2007, 푸른나무).

- 마이클 폴란, 이경식 옮김, 『**욕망하는 식물**』(2007, 황소자리).

- 햇살과나무꾼, 『**민들레 씨앗에 낙하산이 달렸다고?**』(2007, 시공주니어).

옮긴이 | 김성희

부산대 불어교육과 및 동대학원을 졸업했으며 현재 전문 번역가로 활동 중이다.

민음 바칼로레아 60

식물은 왜 꽃을 피울까? (완간)

2판 1쇄 펴냄 2021년 3월 30일
2판 5쇄 펴냄 2024년 8월 8일

1판 1쇄 펴냄 2008년 12월 19일

지은이 | 베르나르 티에보
감수자 | 김순권
옮긴이 | 김성희
발행인 | 박근섭
펴낸곳 | ㈜민음인

출판등록 | 2009. 10. 8 (제2009-000273호)
주소 | 06027 서울 강남구 도산대로 1길 62 강남출판문화센터 5층
전화 | 영업부 515-2000 **편집부** 3446-8774 **팩시밀리** 515-2007
홈페이지 | minumin.minumsa.com

도서 파본 등의 이유로 반송이 필요할 경우에는 구매처에서 교환하시고
출판사 교환이 필요할 경우에는 아래 주소로 반송 사유를 적어 도서와 함께 보내주세요.
06027 서울 강남구 도산대로 1길 62 강남출판문화센터 6층 민음인 마케팅부

㈜민음인은 민음사 출판 그룹의 자회사입니다.